Paris , 29 Septembre 1866.

M es C hers Enfants,

Car il m'est bien permis de vous appeler ainsi ;
grâce à la bienveillance du vénérable Pasteur de cette
importante paroisse, qui daigne vous honorer de sa
présence en ce jour solennel, il m'est permis de célébrer votre Mariage, de vous donner dans ce Sacrement
une augmentation de la vie spirituelle, un complément
de la vie sociale. J'entre ainsi en participation de la

paternité divine ; je puis, comme ministre de Dieu, vous appeler : Mes Enfants.

Ensuite, depuis longues années, j'ai partagé avec mon excellent et bien-aimé frère, les soins de l'éducation de ces enfants : avant le temps, ils sont devenus mes héritiers ; pour les aimer de toute la force de mon âme, je n'ai pas attendu le jour à jamais regrettable où ils ont eu la douleur de perdre une bonne mère, une mère vraiment chrétienne. Comme elle les portait dans son cœur ! Avec quelle douce grâce elle savait leur faire goûter cette vraie piété, le charme de la vie, la voie du ciel ! Avec quelle incessante sollicitude elle s'alarmait à la moindre apparence de mal qui pouvait les menacer ! Combien elle veillait sur leur innocence ! Qu'elle était heureuse de leur bonheur, de leur succès !

Quelle serait sa joie aujourd'hui, si elle voyait son cher Stanislas, au pied de cet autel, faisant honneur au nom qu'il porte, entouré d'un cercle nombreux d'amis choisis, lui donner à aimer une seconde fille dont il

3

a su mériter la main par la régularité de sa conduite,
la distinction de son caractère, son application constante
et scrupuleuse dans l'accomplissement de tous ses
devoirs civils et religieux !

Mais elle n'est plus ici-bas; elle est au ciel, je l'es-
père bien, contemplant la félicité des siens ; elle
s'unit à la joie de tous, elle participe au contentement
intime de son mari ; elle prie pour la prospérité et le
bonheur de son fils, pour la consolation de celle qui est
l'image vivante de ses vertus , et qui tient sa place
dans cette imposante solennité.

Pour vous, MA CHÈRE ENFANT, vous auriez trouvé en
elle une seconde mère ; elle vous eût accueillie à bras
ouverts , elle vous eût franchement aimée ; mais conso-
lez-vous : elle prie aussi pour vous. En quittant cette
terre, elle vous a laissé une sœur qui vous aimera à sa
place ; elle vous racontera les rares qualités de celle
qu'elle pleurera toute sa vie.

MA BIEN CHÈRE ENFANT, il n'y a pas longtemps que j'ai
l'avantage de vous connaître ; mais l'estime générale

qui entoure, dans votre pays d'origine, la mémoire de vos ancêtres ; l'honorabilité des membres existants de votre famille ; la réputation dont jouit, dans le commerce de Paris et jusqu'à l'étranger, le nom de vos dignes parents ; les principes d'ordre et de piété que vous avez dû puiser dans leurs exemples, les soins tout particuliers qu'ils ont donnés à votre éducation, la docilité avec laquelle vous y avez répondu , votre éloignement du monde, votre amour de la vie intérieure, votre grande modestie, la douceur de votre caractère, votre âme si aimante, tout cela m'est déjà connu, tout cela me plaît souverainement et m'est un sûr garant que vous serez une épouse selon le cœur de Dieu, que vous serez la joie et le bonheur de votre époux. Si le Seigneur daigne bénir votre union, s'il vous donne des enfants, vous serez pour eux une bonne mère ; vous vous efforcerez de leur rendre ce que vous même avez reçu de celle qui recueille aujourd'hui une partie de la récompense de tout son dévouement pour vous.

Aussi c'est pour moi un honneur, un bonheur véritable de vous voir entrer dans notre famille, prendre

notre nom, et de pouvoir, vous aussi, vous appeler : MA
BONNE NIÈCE, MA BIEN CHÈRE ENFANT.

Du reste, le caractère sérieux de mon neveu, la
confiance que m'inspire la maturité de son jugement
ne pouvaient me laisser aucun doute sur le mérite de la
personne de son choix ; et je puis ici vous le révéler,
vous étiez cette personne et vous deviez être l'unique ;
il m'écrivait, il n'y a pas dix jours : « Si cette union
n'eût pas réussi, je ne me serais jamais décidé à en
contracter une autre. »

MES CHERS ENFANTS,

Laissez-moi vous parler maintenant du grave objet
de cette réunion.

L'Eglise est heureuse, moi-même je suis doublement
heureux de célébrer un Mariage tel que le vôtre.

Pour vous, pour nous tous, la célébration du Sacrement de Mariage est plus qu'une simple cérémonie, c'est plus qu'un complément de convenance à l'acte civil. Si ce dernier produit des effets civils indispensables, s'il est nécessaire pour assurer aux époux la protection des lois, et à leurs enfants les garanties extérieures de la légitimité, pour qui croit en un Dieu de qui tout dépend, en une Providence qui veille à tous nos besoins tant spirituels que temporels, le Mariage religieux est bien autrement sérieux ; il est d'une importance bien plus grande que le mariage civil. Entre l'un et l'autre il y a la distance qui existe entre le ciel et la terre.

Les devoirs imposés aux époux chrétiens sont nombreux, graves, entourés de difficultés surhumaines, on peut le dire : le support mutuel, malgré la différence des caractères et des vues, cette fidélité perpétuelle à tenir des engagements réciproques et sacrés, la douceur qui doit tempérer l'autorité, la soumission qui doit exclure l'humiliation, l'éducation physique, morale et religieuse des enfants, si complexe, si étendue, et pourtant si nécessaire pour la société comme pour l'individu, pour les intérêts temporels et pour ceux de l'éternité. Et tout cela, tous les jours de la vie, à chaque heure du jour, c'est immense.

Vous le comprenez, MES CHERS ENFANTS, et c'est pour cela que vous vous êtes préparés par la prière, et par d'autres bonnes œuvres que vous avez le bonheur de pratiquer si bien, afin de recevoir dignement le Sacrement de Mariage, et de participer aux grâces qui y sont attachées et qui doivent vous aider dans l'accomplissement des graves obligations que vous allez bientôt contracter.

Cette même vérité de l'importance du Sacrement de Mariage, vous la comprenez aussi, PARENTS CHRÉTIENS, et c'est pour cela que vous avez voulu ne rien négliger pour rehausser la pompe qui doit accompagner la célébration du Mariage religieux de vos enfants.

Vous la comprenez aussi, vous tous, AMIS DES JEUNES EPOUX; c'est pour cela qu'en ce jour vous avez fait trève à vos occupations les plus sérieuses, pour accourir

joindre vos prières aux prières de l'Eglise en cette cir-
constance solennelle ; en mon nom personnel et au
nom de vos jeunes amis, je vous en témoigne notre
bien sincère gratitude.

MES CHERS ENFANTS,

Pour que toute société soit heureuse , pour qu'elle
puisse atteindre sa fin, il faut que les membres qui la
composent occupent fidèlement la place que Dieu leur
a assignée, soit par lui-même, soit par les institutions
légitimes des hommes.

Le Mariage est aussi une société ; de droit il est sou-
mis à la règle générale.

La place respective des époux est fixée par les lois qui
nous régissent ; elle est aussi indiquée par les facultés

spéciales que la divine Providence a départies à chacun des membres de cette importante société, la base essentielle de la grande société humaine.

L'homme a reçu en partage la vigueur musculaire, la force de caractère, l'initiative dans les entreprises, le talent des combinaisons, le génie des affaires. Sa place est ainsi délimitée clairement dans la société matrimoniale.

A lui l'autorité, le travail pénible, les entreprises commerciales, la gestion des affaires, l'administration des biens. Mais ces prérogatives, pour faire le bonheur des époux, doivent être accompagnées d'une affection inaltérable, d'une confiance sans bornes qui permettra à l'époux d'initier son épouse à ses projets, de lui communiquer ses craintes et ses espérances, d'accueillir ses conseils utiles. Avec ce tempérament, l'épouse sera l'heureuse compagne de son mari; l'époux lui-même y gagnera en puissance, et ce qu'il semblera perdre de ses attributions auprès de son épouse ne servira qu'à le faire grandir dans la société.

La part faite à la femme, pour en être plus modeste, n'en a pas moins une importance immense.

Elle a reçu de la divine Providence la douceur, une exquise sensibilité, une extrême modestie, une patience à toute épreuve, une disposition spéciale à la piété, un fonds inépuisable de dévouement et d'amour.

A elle donc la vie humble et cachée, les petits sacrifices de tous les jours, les mille soins de l'intérieur. — A elle d'être l'ange consolateur de son mari dans les moments pénibles. — A elle l'éducation des enfants si pleine d'ennui pour un homme, mais si douce pour une mère digne de ce nom. — A elle une modeste parure suivant le goût et les désirs d'un époux. — A elle le soulagement des pauvres suivant les ressources de la fortune. C'est par là qu'elle attire sur elle et sur son mari la bénédiction du ciel.

Hors de là, toute sa gloire sera de faire briller son mari, de le voir grandir dans l'estime de ses concitoyens, de faire tout au monde pour qu'il ait la réputation d'homme capable. Son mari, après Dieu, c'est son culte, c'est sa religion.

Souvent des traits de lumière jailliront de son cœur, son dévouement sera parfois sublime de conception ; mais de tout cela elle ne s'attribuera rien : c'est son mari qui fera tout, c'est lui qui aura tout conçu, tout combiné. Souvent l'action de cette épouse complète sera si délicate, que le mari, éclairé par les pensées qu'elle lui aura suggérées, croira lui-même ne suivre que ses idées personnelles, ne relever que de son génie.

Noble destinée de la femme ! grandeur du Sacrement de Mariage ! C'est lui qui, réunissant en un seul faisceau toutes les facultés que Dieu avait départies à deux êtres, en fait un tout d'une puissance étonnante pour supporter les charges de la vie, pour remplir sur la terre la tâche de l'homme et du chrétien.

Sans doute, à ce dévouement, à cette abnégation il y

a une limite qu'il n'est pas permis de franchir, et la femme doit dire quelquefois avec l'Apôtre : « Il est mieux d'obéir à Dieu qu'aux hommes. »

Mais encore ici, dans ces extrémités qui, heureusement, doivent être rares pour l'honneur de l'humanité, la femme, avec son amour, sa prudence, sa confiance en Dieu, sa patience inépuisable, agit avec une sage discrétion ; et même, Dieu aidant, elle arrive, sinon à faire comprendre, du moins à faire sentir la vérité. Le moyen de résister à la douceur qui prie, à l'amour qui pleure. Combien de fois la femme chrétienne, comme une nouvelle Clotilde, est parvenue à ramener à Dieu, à la religion, l'homme qui lui était bien supérieur en génie et en intelligence !

Oh ! la noble destinée de la femme ! et qu'il est grand le Sacrement de Mariage. Je le dis encore une fois.

13

MES CHERS ENFANTS,

Acceptez les charges qu'il vous impose, remplissez les
devoirs qu'il vous prescrit, et le bon Dieu, chaque jour
de votre vie, vous fera sentir les inestimables avan-
tages qu'il procure. Sa grâce vous aidera, vous verrez
dans la joie grandir vos enfants. Le Seigneur vous
donnera la patience dans l'adversité; il vous protégera
contre les entraînements de la prospérité; après une
vie vraiment chrétienne, il nous réunira tous, nous
l'espérons bien, dans le séjour de sa gloire.

Reims, Imp. de P. DUBOIS et Cie, rue Pluche, 24.